ひもうと【干物妹】

家の中では様々な事を面倒くさがり、
適当に済ませてしまう妹。
「家でのうまるは——だ」
《類義語》干物女

集英社「妹辞典」より

干物妹《ひもうと》!うまるちゃん 1
HIMOUTO! UMARUCHAN

サンカクヘッド

干物妹《ひもうと》!うまるちゃん 1

HIMOUTO! UMARUCHAN

CONTENTS

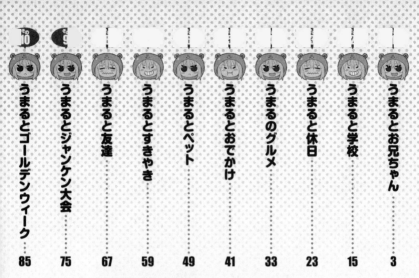

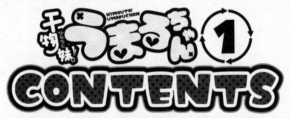

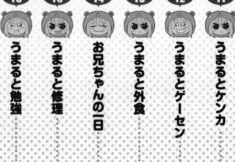

その1 うまるとお兄ちゃん

僕の妹
うまる(16)は
美人で
評判だ
うまるーーーん
優しくて頭も良く
あらゆる才能に恵まれている
非のうちどころのない
美人女子高生
老《ろう》若《にゃく》男《なん》女《にょ》に
好かれる
ごきげんよう
完璧な妹だ
…と
みんな思ってる
らしい…
ガチャッ
コーポ吉田
入居者募集!

その1
うまるとお兄ちゃん

バタン
ぬひょっ
ただいまー
ガチャッ
コーポ吉田
入居者募集!
……
兄
タイヘイ
これが家にいる時のうまる
グータラな干物《ひもの》の妹
ZZZZ
干物妹《ひもうと》だ
妹
土間《どま》うまる

カラ
カラ
カラ
カラ
カラ
カラ
だらああああ
カチ
カチ
カチ
…おい うまる
パソコンばっかりしてないで
夕飯食べろって！
なんてかっこうしてんだ
んー？
ごはんー？
ゴロン
うまる まとめサイトの
巡回で忙しいから
お兄ちゃん食べさせて
んあー
起きろ!!
ぱか
このチャーハン
冷めてるー
もっちゃ もっちゃ
お前が早く
食べないからだ
火曜はパンの日って
決まってるじゃん
プンスコ
今日 月曜日
だろ
あー
月曜かー…
もぐ
どうりで
学校がダル…

げつよう
ビエ!?
ぶはぁ!?
おま…!! 何すんだよ!!
今日ジャンプーの発売日だった!!
ジャンピースがめちゃめちゃいい所で終わってるの!!
お願い お兄ちゃん コンビニで買ってきて!
やだよ 仕事で疲れてるんだぞ こっちは
なーんーでー!!!
明日の朝買えばいいだろ!!
朝なんかにうまるが買いに行ったら見られちゃうじゃん!!

うまるは学校じゃ
「マンガは家で禁止されてて
ジャンピースはよくわかんなくて…
あ でもこのトナカイのキャラクター
可愛い♡」って設定なの!!
かわいい～♡
めんどくせぇぇー!!
なんでそんな
設定してんだよ!!
うまるだって色々
ひっこみがつかないんだよ
うまるの知らない所で
噂がでかく
なってってさー
家では書庫で詩集を
読んでる事になってるし
うち1DK
なんだけど!!
↑イメージ映像
とにかくダメだ!!
明日まで我慢しろ!!
ぷくーーーっ
ったく…

ゴロゴロゴロー
やだやだやだやだ
今日見たいー!!
何ィィーー!?
16歳の妹が「マンガが読みたい」と転がっている…
ゴロゴロゴロー
これは…
まずい!!
俺の責任だ…!
うまるが俺の家にやってきて1年…
どんどんグータラでわがままになっている!!

このままでは社会に適応できない大人になってしまう!!
……
ゴロン…
…あれ? いつもならこれぐらいで言う事きいてくれんのに…
うむぅ…
ダダっ子方面は効果うすくなってきたかな?
お願いお兄ちゃん♡
シュッ

外用フェイス

ダメだ

読みたい 読みたい
読みたい 読みたい
お兄ちゃん買ってきてぇー!!
う…うるっさ~~~
キーン

読みたぁーい!!!
うまるの一生に一度のお願いだからぁーー!!
後生《ごしょう》うまるだからー!!
ぬわーーんっ
だぁーーーっ!!
わかったよ!!
近所迷惑だから黙れ!!
ほら
買ってきたぞ
いいか?
今日は特別だけど…
お前は少し
ガマンする事を——…
…
……ごめん…
お兄ちゃん…

今いい所だから
ちょっと静かにして
ペラ…
……
さぁ、高みへ…!!
安心安全男気
っていうかどうせコンビニ
行くんならポテチの一つ
でも買ってきてよ――
カラ カラ カラ
おまっ…!!
いいかげんにしろ――!!
次の日
あれ!?
うまるちゃん!?
↑うまるちゃんの学校
キラーーン
目の下赤いけど
どうしたの!?
うん…お兄ちゃんと
ケンカしちゃって…
大丈夫だから
気にしないで
気になる!!
一体何が!!
とんでもない兄貴だ!!
とんでもない干物妹《ひもうと》だ

その2 うまると学校

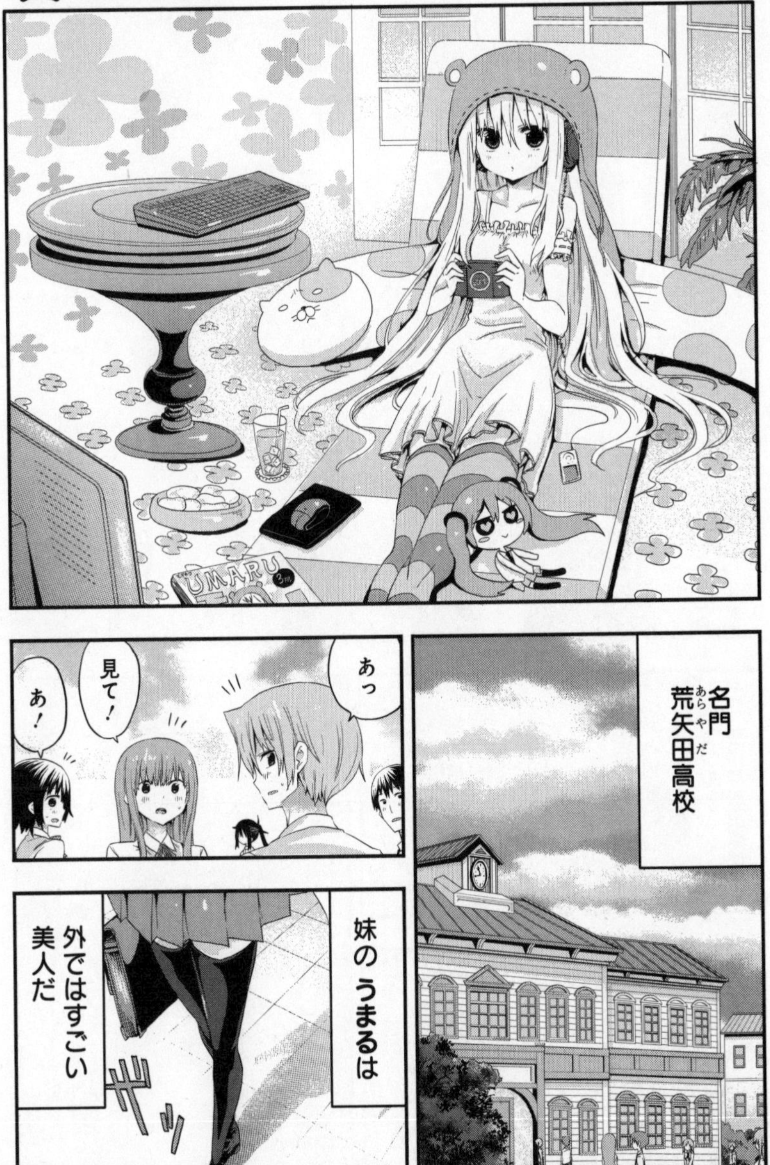

UMARU
名門
荒矢田《あらやだ》高校
あっ
見て!
あ!
妹の うまるは
外ではすごい
美人だ

ざわ
ざわ
ざわ
うまるちゃんだ
ざわ
すっげ―― スタイル良いな…
ざわ
顔小さくて可愛いー 芸能人みたい
ざわ
……
ん？ どうかしたの 海老名《えびな》ちゃん？
びくーんっ
え!? ううん… ちょっと視線が…
いや!! あの… うまるちゃんが美人で みんな見てるってわかってるんだけど… どうしても…
うまるちゃんだ
え!! うまるちゃん!?
え――――？ そんな事ないよ

海老名ちゃんだって
すごく可愛いもの
ニコーン
自信持と？
う…
ズキューンッ
うまるちゃん…!!
1-A
え――……
この前のテスト…
トップは土間と橘《たちばな》！
おほほほほ!!
私《わたくし》にかかればこんなもんですわ!!
ほほほほほ
成績は学年トップ
………

すごいね うまるちゃん…
私全然で…
100点ですわぁ～
28
ううん たまたま
ヤマが当たっただけだよ
うまるちゃんは点数を
自慢しないのが
良いよな――
むほほほほほほ
またも100点ですわぁ～
うまる
新記録!!
スポーツは万能
バシャ
うまるちゃん
すごくない!?
ぶっち切りだよ!!
なんで大会
出ないの？
わいの
わいの
そんな…
たまたま今日
調子良かっただけだよ
あれ？
海老名は？
ブクブク
ブクブク

何をやらせても一流だ
ガッ
すごい…!!
まるで指一本一本が別の意思をもっているようだ!!
↑音楽の先生
うまるちゃんてすごいよねー…
私あこがれちゃうよ
そんな事ないよ
それじゃまたね海老名ちゃん！
またねうまるちゃん！
ガチャ
バタンッ

うまる・・・
きか────ん!!
ずざあぁああ あ───っ
第4コース うまる選手速い!!
さぁーっ!! どんどん追いぬいていくぅ!!
バタ
バタ
バタ
バタ
あ───っと!! ここで出ました!!
ゴロゴロゴロゴロ───
うまる選手必殺のスクリュ───泳法ー!!
前方にパソコン!!
ポチーン!!
キュイーン
早い!! 早すぎる!! もう電源をつけたー!!
ここでうまる選手フードをかぶる!! 一体なにをするつもりだー!?
・・・・・・
バタ
バタ

出たぁ——っ!!
超高速ブラインドタッチ!!
タタ
タタタタタ
まるで指一本一本が別の意思で動いているようだー!!
あ!!
ヤクオク終了間近じゃん!!
タタタタタタタタタ
うまる選手がポチッてゆくぅー!!
……
土間 埋《うまる》
通知表
国語
数学
公民
理科
保健体育
芸術
外国語
情報
5 5 5 5 5 5 5 5
ペラ…
担任より
うまるさんは非常に優秀で非のうち所がありません.
もし本人が希望するならワンランク上の学科に転入させるのも良いと思います.
ペラ…

………
ゴロ
へへ…
うへへ…
バランスボール
ゴロ
ずる…
ゴシャ
へへ…
ぬへへ…
………
……うまる……
ワンランク上って行きたいと思うか？
…ん⁉
何⁉
高いシースーでも頼むの⁉
特上⁉
………
外では美人な
干物妹《ひもうと》だ

その3 うまると休日

日曜日
チュン
チュン
チュン
チュン
SOMY
AM
5:03
……また朝までネトゲしてしまった…
ぼっけぇー

※日曜朝のアニメ・特さつ番組の時間

朝だから人も全然いなくなってきたし…
ガラーン
…
※ニチアサタイムまでヒマだな――
SIRIUS
UMARU
寝るにしても早すぎるし…
とりあえず朝コーラ
プシュ
どうしたもんかな――
うーん…
ゴロン
!
キラーーン
zzzz
………
幸せそうだ…
今週ミイラみたいな顔して帰ってきてたからかな？
おかえりごはんはー？
ただいま…
フラフラ
久しぶりの休日で気持ち良く寝てる…
お兄ちゃんも疲れてるんだ…
zzzz

でも起こす
お兄ちゃーーーん!!
出勤だよーーー!!
ガ
ばぁ
ガンバレ
日本！
チチ
チ…
SOMY
AM
5:15
…
チチ…
おっはーー
お兄ちゃん
こいつ…
ニヤ ニヤ ニヤ ニヤ

な…なんで起きてんだよ
まだ5時だぞ
うへへへへっ
うまるはオールナイトだよ
バーーーンッ
さぁお兄ちゃん!!
とりあえずニチアサまで
うまるとポップン対決だ!!
バカ!!
寝るよ!!
目覚めよ
お兄ちゃんフィーバー!!
FEVER
FEVER
FEVER
ボン
ボン
ボン
ボン
うぜぇえ———!!!
ゲッソリ
こっちは仕事で
疲れてんだよ…
休ませてくれって…
あこれはケンカすら
しんどいマジの顔だ
しょうがないなぁ
じゃあちょっと寝なよ
ありがとう…
なぜかこっちが悪い感じに
なってるけど考えない事にしよう

30分くらい寝ればいいよね？
ぞくぅぅ～
5:21
十代の睡眠時間の基準こえぇ――!!!
いいかげんにしろ――!! まだ全然寝てないんだよ!!
うまるだって寝てないよっ！
じゃお前も寝ろって!!
だってニチアサが…
じゃあ おやすみ お兄ちゃーん
ボフッ
！
？
むくっ
なんだ？ やけに聞きわけが…

うまる――ん
ブツ
…
何してんだ?
ZZZZZ
ぬひょーっ
フッフッフ…
ウブなお兄ちゃんがこの外用フェイス
うまるの前で寝れる訳がない!!
お兄ちゃんはうまると
遊ぶしかないのだよ――!!

さぁお兄ちゃん
観念せよ!!
カーーッ
ンガ
何か企んでたんだろう
けど普通に寝たな…
まぁ寝てないって
言ってたしな…
？
ンガ
そうか…
いつも一人用ゲームで
遊んでるから…
……
今日は一緒に
遊んでやるか…

チュン
チュン
ギャーー
ギャーー
なんでお兄ちゃんも寝てんの!! ニチアサ終わってんじゃん!!
いや… 俺が悪いのか!?

夕方

干物妹《ひもうと》！うまるちゃん

HIMOUTO! UMARUCHAN

UMARU
ポテイトチップス
キラ
キラ
キラ
うまるちゃん…空見て何考えてるんだろう？
ひそひそ
きっと俺たちじゃ想像できない素敵な事だよ
………
今日…
「あれ」しちゃおうかな…

ゴゴゴゴ
ゴゴ
なんでも、あるある
7mart
本日の…
メニュー――…
コーラ（1ℓ）
ポテイトチップス（サワークリームオニオン）
Calbee
ポテイトチップス
サワークリームオニオン
ザクザクおいしい
たけのこの山
たけのこの山
プリン
プッチリプリン
チーズたら
おつまみの定番
チーズたら
イカのつまみ
そうは
イカんざき

うまるの…
宴《うたげ》が始まる——ッ!!
カッ
コンビニで1時間かけて選びぬいたジャンクフードたち…
今回はコーラをベースとした王道メニューになった!!
ぬぬぬぬ…
POKYA
さて… まずはこのお菓子たちを何の供にするか…
ううむ…
見る物によって毒にも薬にもなってしまう… 慎重に選ばなくては…
う———ん…
マンガ
映画 DVD
アニメ DVD
バラエティ番組
ニカニカ動画
木曜どうでしょう
ゲームセンターDX
マヨイ
マヨイ
今日はアニメと映画のコンボだ!!
マンガ
映画 DVD
アニメ DVD
バラエティ番組
ニカニカ動画
木曜どうでしょう
ゲームセンターDX
バチーンッ

よし!!
準備完了!!
ゴローーン
映画を見る時は
部屋を暗くゼロ距離で!!
※マネしないでください
コーラをベースに考えた
お菓子達だが うまるはあえて
コーラには手をつけない
バリィッ
まずはポテイトと
たけのこの山を
開ける
バカッ
ポテイトチップス
しょっぱい
バリ
バリバリ
甘い
ボリ
ボリ
ボリ
この2つの味を交互に
食べる事で飽きる事なく
味を楽しむ事ができる
ボリボリボリ
バリバリバリ
無限に食べられる
組み合わせだ…
ここでのどが
乾いてきた
むむっ
たけのこの山のクッキー部分で
口の水分をうばわれたのだ

ここでコーラ…
ぐっびぃーーっ
ラッパ飲み!!
ゴッゴッゴッゴッ
シュワァァァ
〜〜〜〜〜〜ッ!!
乾いていたのどに…
ビリビリ
炭酸がはじける…!!
もう一度ポテイト!!
バリ
ボリ
すかさずコーラ!!
シュワァァァーーッ

美味《うまい》…!!
ぬはぁぁぁぁぁ
ボリバリボリバリ
ポテイトおわっちゃった
ポテイトとチョコの相性は最高だけれど
チーズとイカの相性も申し分ない
バリィッ
イカのすっぱさをチーズのマイルドさで相殺させる…
イカの吸盤が楽しい…
ニチ
ニチ
またコーラも合う…!!
シュワァァァーッ
かーっ!!

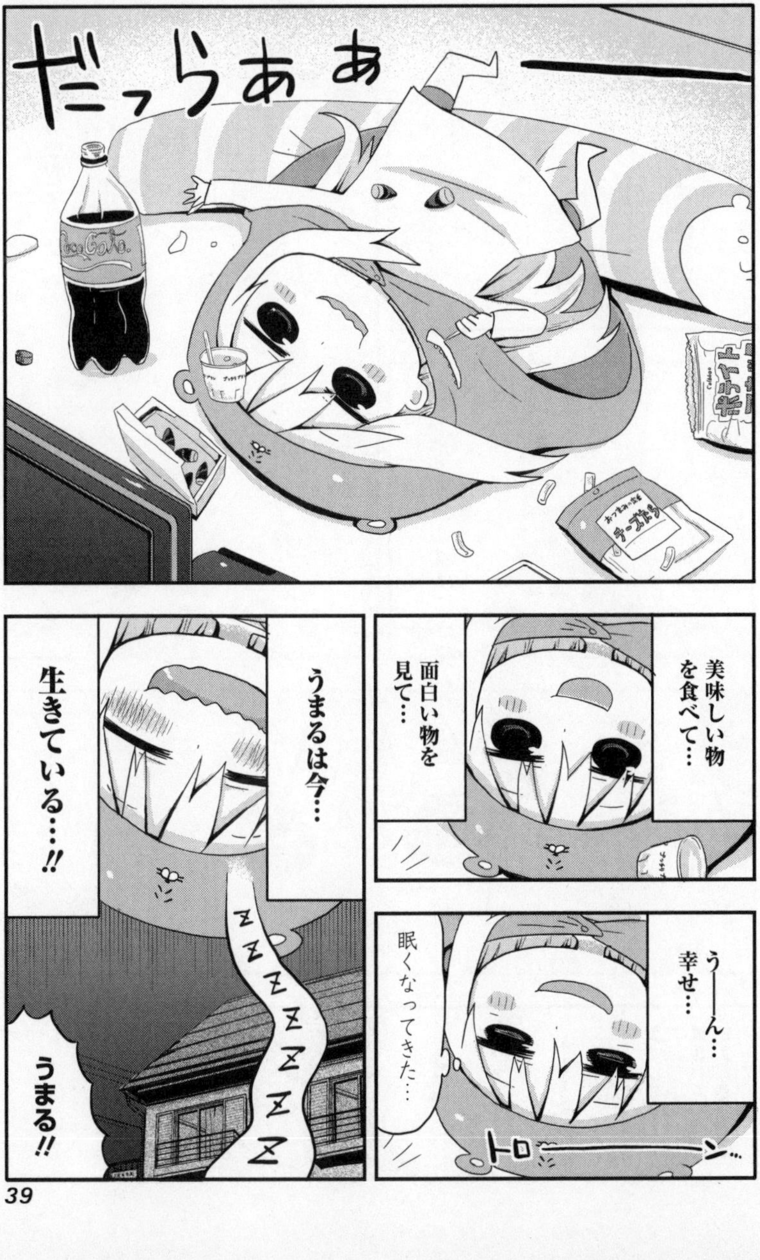
だっらあぁー
美味しい物を食べて…
面白い物を見て…
うーーん…幸せ…
眠くなってきた…
トロ〜〜〜〜ン…
うまるは今…
生きている…!!
ZZZZZZZ
うまる!!

起きろって！
もう夕飯できてるぞ!!
カッ
うん…？お兄ちゃん…
むくっ
テレビつけっぱで寝るなって言ってるだろ!! ほら食え！
びくーんっ
お前が昨日どうしても食べたいって言うから…
バァァーンッ
ジャンボハンバーグ作ってやったんだぞ！
…………
ジュウウウウウウ…
…うまる…お腹いっぱい…
はぁ!?
なんでだよ!?
ジャンボはお兄ちゃんが美味しくいただきました

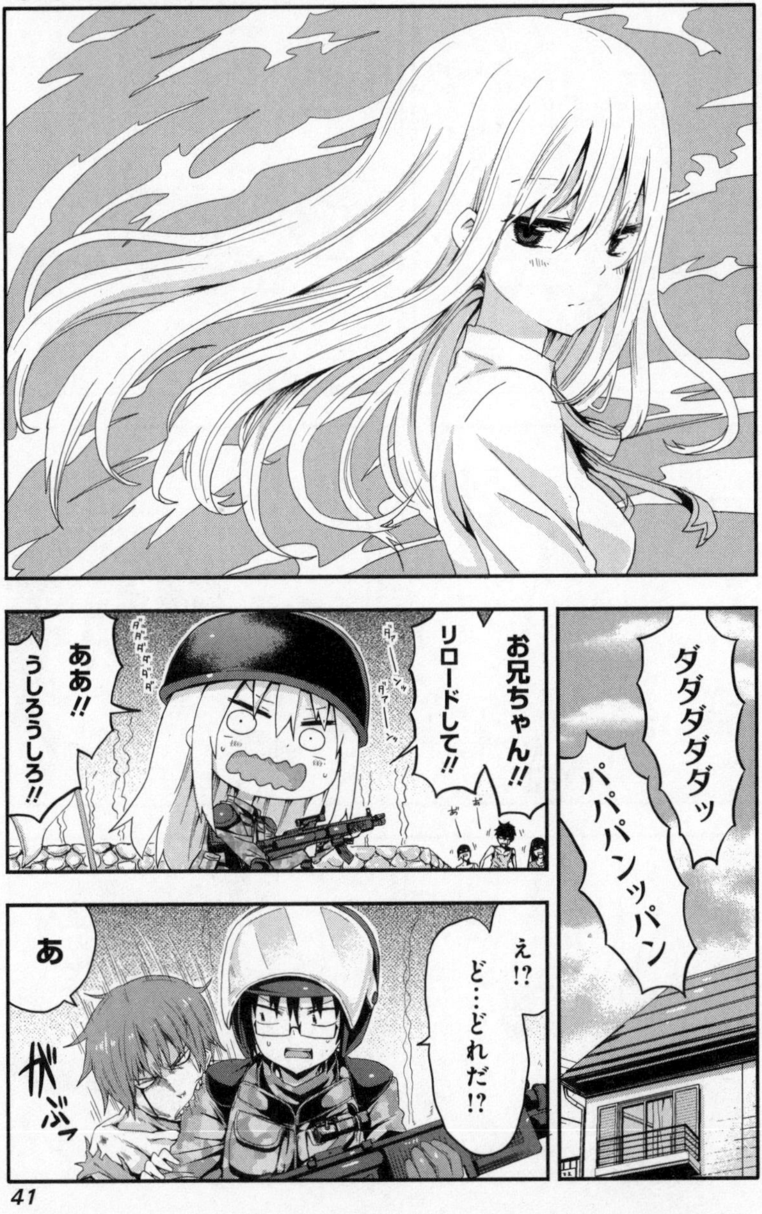
ダダダダダッ
パパパンッパン
お兄ちゃん!!
リロードして!!
ああ!!
うしろうしろ!!
え!?
ど…どれだ!?
あ
がぶっ

あ〜〜〜〜〜 負けちゃった
ウ…ウ… ウギャアアアァ〜…
…………
YOU DEAD
お兄ちゃんそんなんじゃ きびしい社畜戦争を のりきれないよ
ほっとけ！ 操作が難しいんだよ
！
お兄ちゃん 次なにやる？
2時か… そろそろスーパーに 買い物いかないと
え!? なんで!? これからじゃん！
いや… 今週の食材 買わないと
先週の日曜も 行ったじゃん！
そりゃ先週の 分だろ！
ム

？
なんで怒ってんだ？
むっすーーん
うまる…
別について来なくても家でゲームしてていいんだぞ？
ぷいっ
あらうまるちゃんこんにちは
コロッ
あ
こんにちは〜
ガヤ
ガヤ
EON MO
じゃあ……
……
とりあえず今日の夕飯だな
！
うまるは何食べ…
割引きセール！

ざわ ざわ ざわ
ざわ ざわ ざわ
……こいつ…本当に外でると別人だな…
見てあの子すっごい美人!!
芸能人!?
一緒にいる男恋人かな？
マネージャーでしょあSPかも!!
ざわわ ざわわ
なんでやねん！
しかしうまるの奴まだ怒ってるな…
ちょくちょく俺に怒りの目線を送ってくる…
……
ちらっ
まぁどうせいつもの気まぐれだろう…
THE 肉
ええとトリ肉は…

………
もりっ
お菓子
うまる…
ぷいっ
こいつ…こんなに注目されてんのにどうやって入れたんだ？
お菓子は家にあるから戻すぞ
さっさ
ボスッ
おい追加するな!!
くっ…うまるめ…
いや…ここで怒り返すと逆効果だな…
うまる…
フードコートでアイスでも食べないか？
………

ムスペロ
ムスペロ
怒りながら食っている…
おきげん直ったか？
パァァ
ぼとっ
おい!!
ついでで俺のせいにするな!!
ぷいっ
EON MOLL
ずしっ
くっ

お…おい
うまる‼
お前のお菓子で
重くなったんだから手伝って…
…………
あ…
お兄ちゃ──ん
これ重い──
つかれた──
お前がカレー
食べたいって言ったから
重いんだよ持ってくれって
じゃあ来週うまると
ゲーム三昧《ざんまい》するなら
ゆるしてあげよう
…なんで俺が
許してもらう側なんだ？
…………
う…
うまる…
帰ったら…
ゲームの
つづきするか？

うんっ!
お兄ちゃん弱すぎてつまんないんだけど
ウ…ウ…ウギャアァァー!!
YOU DEAD
お前が強すぎんだよ!
どんだけやってんだ!

ちゅうちゅう
ちゅっちゅ ちゅうちゅう
ちゅうちゅう
…………
うまるちゃんのハムスター ハム二郎・ハム三郎
……ハムスターとしゃべってるのか?
さっきからトークでもり上がってるよ

地面を歩いてると
お兄ちゃんの足が
くさいって
リアルだから
やめてくれ!!
あ!!
ピコーン
あと明日は
ステーキが食べたいって
それはお前の
願望だろ
ハムスターだって
たまには油っこい物
食べたいじゃんねぇ?
いや別に…
まぁ会話ってのは
うまる式ジョークで
芸をおしえてんの
芸?
ネットでペットの芸を流してる
動画が人気あるんだよ
ニカニカ動画(Z)
NICA NICA DOUGA
なにこれwww
おいおいwwww
ああ…
テレビとかでも
あるよな

ほほぅ… ネコ動画が人気あるのか…
ネコ好き
お?
どうぶつ動画コンテスト!
今すぐ参加!
再生数ランキングで1位をとったペットには…
100万円プレゼント!
今再生数の大会が開かれてるな
100万はうまるのだよ!!
ガッ
狙ってたのか…
100万円あたったらあれもこれもうまるの物…!!
ぬふふふふ
物欲に支配された目をしている!
まぁ100万は100万として…真の目的は芸を覚えさせる事にあるんだよ
目的がループしてるぞ お前

芸を使って
物をもってこさせる!!
コーラ
もってきて
芸の域を
こえてるだろ!!
シュタタタタ
シュタタタタ
はっ…!!
いや…!!
それよりも!!
ハムスターを
100匹くらい手なずけ
れば…
走れ
トイレへ!!
ドド
ドドドド
うまるは寝たまま
部屋を移動できるんでは!!
お兄ちゃん!!
ハムスター残り98匹
買いに行こう!!
ぬひょー
何言ってんだ…
賞金の100万円で
買えばいいだろ
あ——!!
なるほど!!

まぁ…
ジャー
動機はどうであれ
ペットを可愛がるのはいい事か…
そういえばうまるが
ペットを買って半年
くらいたつのか？
べたー
デパートでたまたま
見て欲しがったんだよな
たしか…
お兄ちゃん!!
買って!!
くるっ
ダメだ お前
すぐあきるだろ
ほらそろそろ
行くぞ
ムーッ

お兄ちゃん…
私…
さみしい…
うる…
外用フェイス
お兄ちゃんが一人でいろって言うから
私…
わわっ
ま…まて!! 一人でいろとは言ってないだろ!!
おいなんか女の子泣かせてるぞ
あんな美人な子を…
あの男とんでもないやつだな…
は!?
じゃあ…
この2匹で!
オウン?
オウン?
エサと掃除はお前がやれよ
わかってるって
PET HO

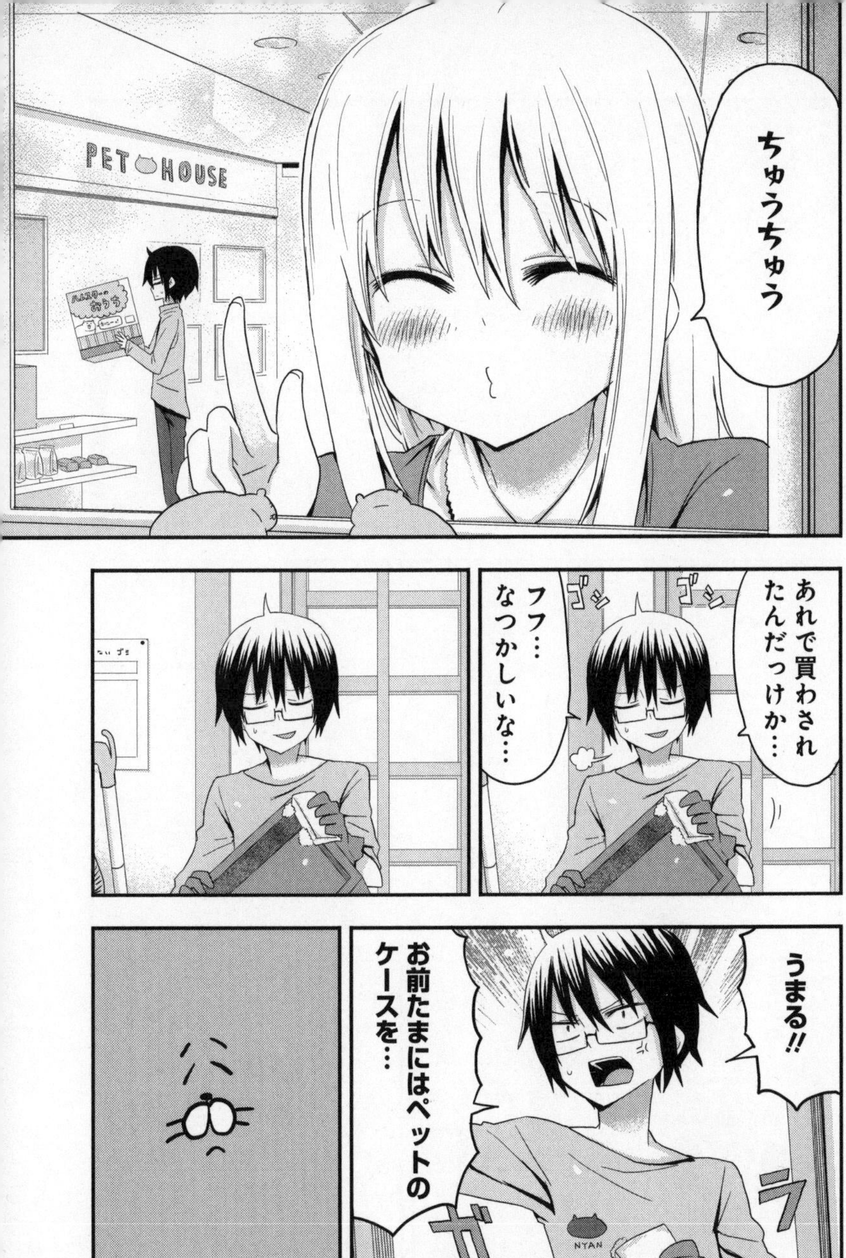
ちゅうちゅう
PET HOUSE
ハムスターのおうち
ゴシ
ゴシ
あれで買わされたんだっけか…
フフ…なつかしいな…
うまる!!
お前たまにはペットのケースを…
ガ
ラ

zzzzzz
ゴロン…
うへへ…100万…
zzzz
……
これの方が再生されるんじゃないか？
その夜…
ダダダダダダダダッ
カラカラカラカラ
起こすべきだった…!!

優勝作品

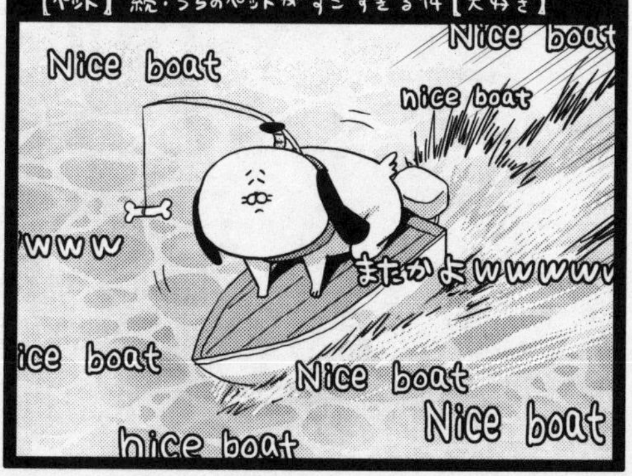
【ペット】続・うちのペットがすごすぎる件【大好き】
Nice boat
Nice boat
nice boat
www
またかよwwwwww
ice boat
Nice boat
Nice boat
nice boat

干物妹《ひもうと》！うまるちゃん
HIMOUTO! UMARUCHAN

その7 うまるとすきやき
UMARU
おつかれー
ガ
シャ
ぼんば
この店 来た事
あるのか?
代行タクシー
おう
この前の合コンで
来たんだよ
おいアレックス!!
お前関西風のすきやき
食った事ねぇだろ!?
何か違うんですか
これ?
関西風か…
タイヘイ
馬さし食うか?
MENU

黒毛和牛
高級ロース
2650
肉ーーッ!!
何これ!? 3千!? 高!? チャンピオン牛!?
ぬおおおおおお
キ
たまには贅沢《ぜいたく》するのもいいだろ
お兄ちゃん…死ぬの…?
死なねーーよ

まぁ気合い入れ
みたいなもんだな
今度の会議で企画を
通せそうな気がするんだ
通らないのに？
あ、栃木の牛だって
決めつけんなよ
※通りませんでした
↑牛情報を調べるうまるちゃん
んで肉で
なに作るの？
ぬひょっ
すきやき
しかも今回は関西風で
作ろうと思うんだ
牛脂も買ってきた
なにそれ
タコヤキ入ってるの!?
砂糖としょうゆで
焼くんだよ
前に同僚と食べた
トン
トン
ずるい!!
うまるも食べる!!
だから今から
作るんだって
………
ん？

うまる 鍋知らないか？
ん？ 押し入れに あったよ たしか
チュロQ入れに なってたよ！
シャーーーッ
じゃあ 出せって
・・・
え――と・・・
まず牛脂を ひく
ジュビイイイ
おお～～～～

★牛肉を割下《わりした》で煮るのが関東風。

肉を入れて
色がつきだしたら
砂糖としょうゆを入れる
ヌヴジュオオオオ
野菜を入れて
煮えたら完成！
グツグツグツ
よだれ入れるなよ
ぐつぐつ
ぬお〜〜〜〜っ
ぬひょ――っ!!
カチャカチャカチャカチャ
んあ―
いただきま――す
んぐ

うまっしゃあーーッ!!
ピッカアアアアア
よかったな
フフ…よろこんでる
高い肉買ってよかったな
バクバクバク
カチャカチャ
たまにはこうやって
鍋するのもいいな
うまるもダラけず
動いて…
まてーーーい!!
ん?
カッ

おまっ…!!
肉それ以外全部食ったのか!?
あ
本当だ もうない！
高い肉は少ないんだね
………
最後の肉はお兄ちゃんにくれるよな？
なんで？
野菜も食えー!!
やだー!!
うまるの肉ー!!
ギュウウ ウウウ
ビュンッ
あ…
ポトッ
3秒ルール!!
しゅばあっ
肉はダメだろ!!
こら うまる!!
落ちた肉を食うな!!
うまむもみくまも!!
コラー!!

もう食えん
ぬふぅ
…………
………
まぁいいか…
うまるに食わせたかったんだしな…
うん…肉のうま味が野菜に…
ガリッ
!?
チュロQ
うまる

お兄ちゃん会社から帰宅
はぁ… 今日もしんどかったな…
…でも今からもしんどいんだよな…
お兄ちゃんおつかれー!! はよご飯つくってー!!
ただいま…
ガチャ
ん?
ピシィッ

あっ！おかえりお兄ちゃん♡
びくーーんっ
なっ…！？どうしたんだよ！？
ズザァーーッ
え？やだなぁいつも通りじゃない
今日友達が遊びに来てるからよろしく
ひそそ
そういう事か…
しかしうまるが友達呼ぶなんて珍しいな…
たたっ
ごめんね海老名ちゃーん

あ…
こんばんは…
おじゃま
してます
ペコ
ドキィーッ
ピッカァァァァッ
何これ
部屋きれい——!!
海老名ちゃんと
勉強会してたの
え？
海老名さんって…
このアパートの？
見た事あると思ったら…
あ…はい…
103号室の
海老名です…
コーポ吉田
入居者募集！

うまると仲良くしてくれて
ありがとう！
よろしくね
あっ……
はい……
それにしても
部屋きれいだな…
キョロ
キョロ
ちらっ
……
ばっ
!!
大量にあったゾンアマの
ダンボールも片づいている!!
うまる…
お前が片づけたのか!?
あの面倒くさがりの
うまるが…!!

ばっ
!!
ドキーン
?
?
??
この子となら…
……
ゴゴゴゴ
ゴゴ
ガシッ

うまるは自立心をもってくれるかもしれない!!
海老名ちゃん…いつでも来てくれ!!
は…
はい…
………
コーラのみたい…

ゴッゴッゴッゴッ
かぁーーっ!!
シュワァァァ
がまんした後のコーク…!!
たまらない…!!
悪魔の味…!!
ぬはははは
ゴロ
ゴロ
じーー
!
う…
怒られる？
……
うまる…
コップ入れて飲めよ
あと今日たこやきスナック
買っといたから
パァッ
えっ!? タコスナ!? やったーー!!
今日は掃除してたし
何も言わないでいよう…
これがきっかけで自分で
動くようになるかもしれない…

ガラッ
お兄ちゃんのしり
ちょ――!!お兄ちゃん!!
これワサビ味なんだけど!!
うまるワサビ食べらんない!!
ぬぬっ
コラ――!!
うまる――!!
カーーッ
何!?
怒ってんのはうまるだよ!!
うまるちゃんの
お兄さん…
やさしい…
ドタドタドタ
ぶん
ぶん

キラ キラ
大ジャンケン大会!
癒しゆるキャラ
ネコロンブスBigぬいぐるみ!
超でかサイズ!
おお…
お兄ちゃーん!!
大変だー!!
がたーっ
んな!?
なんだ
どうした!?

さぁ…
ザッ
いくよ
お兄ちゃん!!
………
大ジャンケン大会!
ゆるキャラ
ネコロンブスBigぬいぐるみ!
超でかサイズ!
うまる…
大変ってまさか…
うん!!
絶対ゲットするよ!!
お…お前これのどこが大変なんだ!!
休日出勤を断って来たんだぞ!?
一大事っていうから!!
まぁまぁ
お兄ちゃん休む事も
大事だよ
だいたい俺いらないだろこれ!!
一人でいいだろ!!
え?
何言ってんの
そりゃ――…
……

うまる…
お兄ちゃんと遊びたかったの…
！
な!?
お兄ちゃんさ…仕事ばっかりで大変でしょ？
だからこうでもしないと休みとってくれないと思って…
え!?
はっ
そうか…!!
確かに俺は仕事に集中しすぎてうまるにかまっていなかったかもしれん…!!
よし!! 休日は休むものだからな!!
安心しろ うまる!! こう見えても俺はジャンケン強いんだ!!
うんっ！
ありがとお兄ちゃん♡

ジャンケン大会の券はこちらで配っておりまーす！
ガヤ ガヤ
・・・・・
並んでお待ちくださーい
んじゃ私は2号店の方へ行くから！1号店はよろしくね！
シュビッ
・・・・・・
え!?
あ…あいつ…少しでも勝つ確率を上げるために俺を呼んで…
しかも別の店へ行かせやがった——!!
?
あわよくば2個手に入れるつもりで俺をだましたのか——!!
お兄ちゃんと遊びたかったの♡
はーいみなさーん!!
それではジャンケン大会はじまりますよー!!
お姉さんとジャンケンして勝った人だけステージに来てくださいね——♪
俺は…何をしているんだろう…

VILLAGE / GUNVARD
祭
さぁ——っ!! ジャンケン大会も いよいよ決勝戦!!
勝ち残ってしまった…
こちらの女の子とお兄さんの 一騎打ちだ——!!
……… あれ？
海老名ちゃん？

えっ!? あ…へぁ!?
おおお兄さんん!?
さぁ お2人さん!!
いきますよぉ!?
びく——んっ
じゃ——ん
け——ん
あわわわわわわ
お兄さんって
ジャンケン強いんですね
いや…なんか心理学的に
グーかパーを出せば
勝ちやすいらしいよ
……

まずいな…
海老名ちゃんよっぽど
欲しかったのかも…
これが原因でうまると
遊びにくくなったり
しないだろうか…
あの…
これあげるよ
妹の友達を負かして
もらうのは気が引けるし
えぇ!?
いい…いや!!
いいですよ!!
それに海老名ちゃん
すごく欲しかったんでしょ?
コイツも海老名ちゃんに
もらわれた方がうれしいよ
は…
はい…
ありがとうございます
……
うまるになんて
説明しよう…
くるっ

ゴゴゴゴ
びく～んッ
ゴ
うまる…いつから…
ゴゴゴゴゴ
店からだよ
うまる すぐ負けたから 1号店に来たんだよ
お！お兄ちゃん勝ってる！
へ…へぇ～～～…
なんで海老名ちゃんにあげんの!?
意味わかんないよ!! 社畜メガネ!!
いや…!! 俺はお前のためにだな…!!
数日後…
おー
うまるはぬいぐるみをヤフオクでゲットした
(お兄ちゃんもちで)

でも夜は起きる

干物妹《ひもうと》！うまるちゃん

HIMOUTO! UMARUCHAN

その10 うまるとゴールデンウィーク

ゲストイラスト　肋《あばら》兵器《へいき》

今年のゴールデンウィーク‼
みなさんはどこへ行きますか?
12:15
G.Wに行きたい場所
山
ゆうえんち
海外
釣り
デパート
お台場
プール
海外ツアーやネズミーランドなんかが人気のようですねー
ほーー
以上今年のG・W特集でした!
新聞 5月
巨大カピバラ
……

それでは良い
G・Wを！
チュン
チュン
ZZZZZZZZZ
むにゃにゃ
…おい
うまる起きろ
もう昼だぞ
ドリ・カム
…ん？
んあ？
ゴロ
ゴロ
んの？
ぼっけぇ
なんてマヌケな
顔なんだ…

もう昼だぞ
ん
コク
……わかってるか？
……む
コク
すぅ…
起きろ!!
ぐだーーー
うーん…
まだゴールデンウィークじゃん
休みくらいダラけさせてよー
お前はいつもダラけてるだろ！
あ!! なんで布団しまうの!!
干すんだよ
出しとくと寝るし

うまるの奴…
ゴールデンウィークが始まってからずっとダラけてるな…
ぬぼあ～
このままではうまるがナマケモノになってしまう…!!
どうにかしなくては…!!
オウン?
ナマケモノ
アリクイ目
ナマケモノ科の
哺乳類《ほにゅうるい》
うまる…
ゴールデンウィークは何か予定あるのか?
なにがー?
ぐだぁ――
絶対ないなこりゃ…
海老名ちゃんは実家に戻って農作業を手伝うって言ってたぞ
実家は秋田県です
あ――この前来た時そんな事言ってたね――
うまるだって超ハードなスケジュールがあるんだよ
え? そうなのか?
ドリ・カム

えーーと…
詰んでるゲームの打開
見てないアニメの消化
ツイッターのつぶやき
ゴロ
ゴロ
うまるーん
ゴロ
ジャンプーは合併号だし
いつもと同じじゃねーーーか!!
いいか？休みだからってダラダラしすぎると…
心が不安定になる〝五月病〟になりやすいんだ
ほら新聞にも書いてあったぞ
ズッ
五月病は危険
渋滞
まーた余計なの見て…
でだ！ゴールデンウィークはどこかへ遊びに行かないか？
！
ここなんかどうだ？自然博物館！水族館もあるぞ
ズッ
生命の誕生を見てみよう！
自然博物館
恐竜のホネだ〜！
………

お兄ちゃんて彼女できてもすぐフラれそうだよね
博物館とか
プフゥッ
ほっとけ
だいたい今は混雑してまともに見れないって
まぁ…それはたしかに
渋滞のニュースを家で見ようよ
すごい渋滞です!
やだよそんな連休
っていうかその考えがいけないんだ!まず家から出ろ!!
も——うるさいなぁ…
だってどこも人多そうで…
!

あ！
うまるここなら行きたい！
ぬひょっ
！
なんだ…
ほっ
別に家から出たくない訳じゃないんだな…
お兄ちゃん今からいく？
…ん？どこ行くんだ？
お兄ちゃーん
ざわっ

うまる――――ん
おまたせー
行こっ！
健康ランド
‥‥‥‥
ああ‥‥
薬石風呂
温熱の効果で血行が良くなり、
排出作用の高まりと血液の浄化で体の代謝が良くなります。
また皮膚の浄化で美容効果も期待されます。
適度の温熱を体に加える事でリラックスしストレスの解消、
白血球の働きが良くなり血液の促進により免疫力が高まります。
zzzzz
……こいつよく
こんなに寝れるな…
だっらあああーー

だっらぁあ――
お兄ちゃーん
ジュースとってー
……
ヴィーン…
カチッ
トン
…お前ジュースくらい自分でとれよ
ありがとー―

あいつダラダラしすぎだな… まぁ休みだから別にいいけど…
お兄ちゃーん
201号 土間
なんだ？
ゴロ ゴロ
台所にせんべぇ あるから取ってー
………
ん？ 台所にある箱は捨てていいのか？
ん――？ 箱はいらなーい
バリボリ
お兄ちゃーーん
今度はなんだ？
ボーリ ボリ ボリ
あ 呼んでみただけー
………
オニせんべい

あ！もう9時だ
ゴミ捨ててくるから
起きろよ！
あついでに
コンビニ行ってきてー
SOMY
PM 2:01
5/19 日
いいかげんに
しろ!!
カラ カラ カラ
ゴゴ ゴゴゴ
………
お…お兄ちゃん!!
台所にあった箱
知らない!?
ん？
ばっ
うまるが この前買った
発音ミグのフィギュアの
箱!!
発音ミグ
1/8 スケールフィギュア
「エネル顔」パーツ 付!!
あの中に別顔パーツ
入ってたんだけど…
カッ
……
今日捨て
ちゃったぞ

ズガビーーンッ
んなッ!!
なんで捨てんの!!
ガーンッ
ええ!?いや…
捨てていいって言ったろ!!
………
まぁ…実は別に
捨ててもいいんだけど…
シュッ
オロ
オロ
そ…それ
ないとまずいのか!?
………
NYANKO EXPRESS
にたぁ…

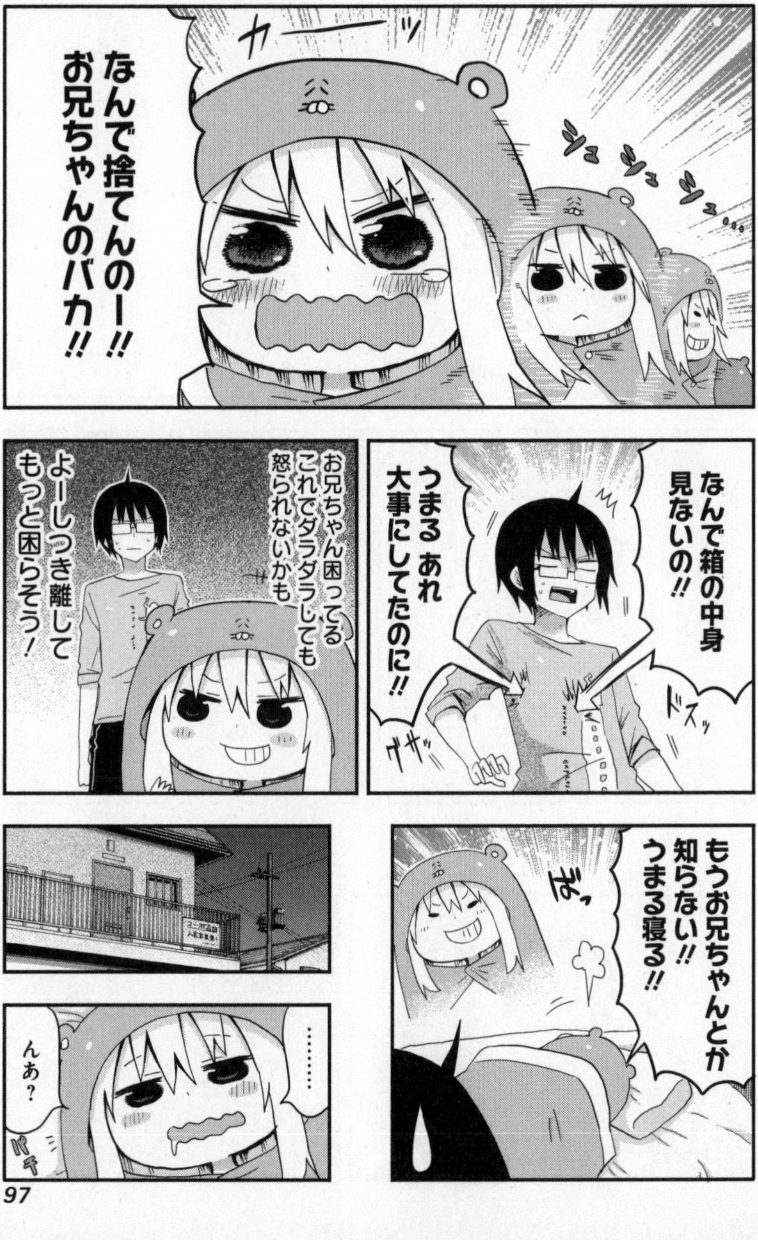
カーーーッ
なんで捨てんのー!!
お兄ちゃんのバカ!!
シュ シュ シュ
なんで箱の中身見ないの!!
うまる あれ大事にしてたのに!!
ドスッ
グサッ
お兄ちゃん困ってる
これでダラダラしても怒られないかも
よーしつき離してもっと困らそう!
もうお兄ちゃんとか知らない!!
うまる寝る!!
ばっ
……
んあ?
パチ

あれ…？
お兄ちゃん？
し――――ん…
もうお兄ちゃんとか知らない!!
………
カン
カン
カン
ガチャ
……
ただいま…

をにいぢゃん
どこいってたの!!
ぬっ
うわぁ!?
…いいや…
捨てちゃった
人形を探しに
行ったんだけど…
がささ
これで
よかったか?
ずび
…お兄ちゃん
もしかして日本人形の
店に行ってない?
え!?
違うのか!?

次の日
ほらお兄ちゃん会社おくれるよ！
あ…ああ…
うまる…あの人形で良かったのか？捨てちゃったのと違うんだろ？
カン
カン
カン
ん？もーいいって！
それに別に捨ててもよかったし
!?
何!? じゃあなんで泣いてたんだ お前!?
お兄ちゃん
ん？なんだ？
ぬへへ呼んでみただけ！

2F
薬

？
うまるちゃん？
？
ばっ
！
あ ごめんねっ
行こっ海老名ちゃんっ
？
う…
うん…
PLAZA GAPCOM
PLAZA GAPCOM
ザッ
ウイーーン

ざ
わっ
あ…あのあやしい服装…!!
ゴゴゴゴ
異様なオーラ…!!
て…店長…あれって…
ああ…
「UMR」だ…!!
半年前このゲーセンに現れありとあらゆるゲームを制覇…!!
1 UMR
2 UMR
3 UMR
4 UMR
5 UMR
さらに一発でクレーンゲームの景品を奪う天才ゲーマーだ!!
この店最大の危険人物…!!

キラ
キラ
あ…あれは今日入荷したばかりの「フキゲンニャンコロ」人形…
あれを大量に取られると困るな…
大丈夫です店長…!
あの台はそう簡単に取れない設定にしてあります!
テンテンティンティロ♪
3個取られてるけど
カーーッ
「タグひっかけ」…!! ぬいぐるみのタグをひっかける高等技です…!!
激おこ プンプン ミグ
全6種

ま…また一発で取られるんじゃ…
いえ…大丈夫です あれは輪っかを狙うタイプの箱物なんですが…
カッ
アームの力を弱め最低でも15回は動かさないと落ちません
そ…そうか…
ほっ
ズッ
ブ
激おこプンプンミグ
GAPCOM 全6種
UFO CATCHER
何イイイ——!!
激おこプンプンミグ
ウイーンッ
上がっちゃってるじゃないか!!
「ぶっ刺し」…!!
箱のわずかな隙間にアームを刺す技です!!
カーッ
びぐーんっ
スタスタスタ

あの…
欲しい景品が出てないので出してもらえますか？
キラーン
!!
ドキーーンッ
か…かわいい…!!
あっはい!! 少々おまちください！
たっ
わかっているな？
いくら美人でも これ以上一発で取らせてはいかんぞ!?
ガッ
ええ…わかってます店長!!
僕もプロです…鬼設定でいきます!!
ガッ
1PLAY 100円

UFO CATCHER
ナイアガラ落とし!!
どざあーっ
いやいやいやいやいや!!
「ナイアガラ落とし」!! ぬいぐるみの山の重心を崩す事によりナイアガラの滝のような…
カーッ
PLAZA GAPCOM
っていうか君さっきから解説してるけど対策しろよ!!
……で……
こんなに取ってきたのか
ゲーセンの前でビビッときちゃって
ゲーセンも大変だな…
っていうかこんなにいらないだろ!!
全部 色ちがいなんだよ

ムニ
ムニ
ムニ
よく来たね ニャンコロ
ムニ
………よかったな
しかしこいつ ぬいぐるみ好きだな
うまる もう12時だ 寝るぞ
え―― 深夜アニメ みたい――
録画 してるだろ!
………
おい
zzz

全6種

① おこミグ
② 激おこミグ
③ 激おこプンプンミグ
④ ミグ着火
ファイヤー
⑤ ミグ着火インフェルノォウ
⑥ 激オコスティック
ファイナリティミグミグドリ

干物妹《ひもうと》！うまるちゃん
HIMOUTO! UMARUCHAN

100M先
コンビニ
サイゴノ・ファンタジー・15
特集
いよいよ発売!!!!
全国でミリオンセールスを
記録している「サイファン」の
新シリーズがついに発売!!
今作の注目な召喚獣のその
前衛的なデザインで、
すでにインターネットでも話題の
これが新しい召喚獣だ!!
わっく わっく わっく わっく わっく わっく
ほしい!! 買って!!
ダメだ この前ドラキュエ買ったろ
G・ジャンプ
サイゴノ・ファンタジー15
いよいよ発売!!

…うまる
わっく
わっく
わっく
わっく
今日は食材を買うんであって ゲームは買わないからな?
わかってるって お兄ちゃん
にんまり
じゃあなんでそんな 期待の目をしてんだ!?
ぬふふふ… 人前でダダこねれば 買ってくれるでしょ
買わないように しなくては…
EON MOLL
PEPSO
そろそろ ゲーム売り場に 誘導しようかな?
こんな もんかな
98円

あっ
ばったり――
！
あれ？海老名ちゃん
あっ…こ…こんにちはお兄さんっ！
な――ッ!!
…えっと…
うまるちゃん？
びくんっ
あれ？
うまる―――ん
海老名ちゃんっ！
偶然だね！お買い物？
うん…いつもここに食材買いに来てて…
………

jonasun's
むー
あの…いいんですか？ごちそうになっちゃって
うん ちょうどお昼だしね
わー
LUNCH MENU
海老名ちゃんの前ならゲームをねだる事はできまい…
お前はもっと我慢を知らなくてはダメだ…!!
むぅう…お兄ちゃん買わない気だ…
海老名ちゃんの前じゃダダこねれないし…

わ…私 ファミレスって 初めてですっ
え？ あんまり外食しないの？
実家の秋田《あきた》にも あるんですけど…
基本 家で 作るので…
へー一人暮らし なのに偉いね
お兄ちゃん オムライスのケチャップ かけてあげるっ
すっ
ん？ ああ
はよ ゲーム

お兄ちゃん
おいしい？
ゲーム!! ゲーム!! ゲーム!!
ニコーッ
小さいお茶わんですね
あ
それ貝のカラ入れるんだよ
なんで無視すんのお兄ちゃん!!
ゲームー!!
ゲームジェスチャー
パパパパ
ぷっくぅーーーッ

お兄ちゃん♡
あーーーん♡
無視
怒りバロメーター
ぱっ
ムシャーーーッ!!
うおっ!?
お兄ちゃんのバカ!! 無視メガネ!! さっさとゲーム買ってよー!!
お…おい!!
バタ
バタバタ
はっ

都会のれすとらん…
んめな〜〜〜〜
…あっ!!
すいません…!!
あんまり美味しくて…
ぱっ
秋田だ…
秋田弁だ…
うまるちゃん機嫌いいね
うんっ!お兄ちゃんがいい物買ってくれたの!

その14 お兄ちゃんの一日

IX
III
VI
ポテイトチップス
ジャンプ
JUN PEACE
おい!!
起きろ うまる!!
ジュー
うーん… うまるのステーキは?
もう8時だぞ! 学校行く時間だ!!
あ!! 下で海老名ちゃんが待ってるぞ!! 早く行け!!
ZZZ
寝るなー!!

……
キラ
キラ
じゃあ
気をつけてな
じゃあね
お兄ちゃん
えっと…あの…
い…いってらっしゃ
八王子
パーン
………
くっ…
DIAMONDS
システム サポート部
カタ
カタ
カタ
プルルルルル

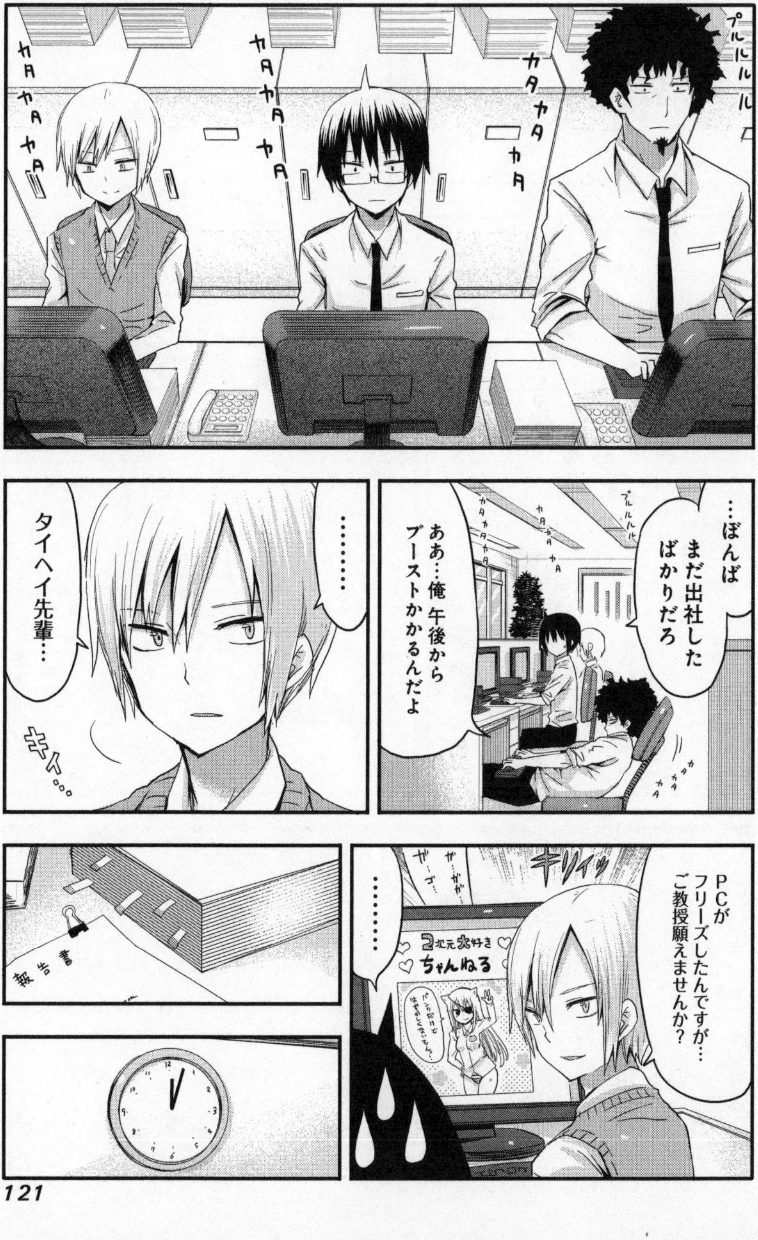
プルルルル
カタカタカタカタ
カタカタカタ
カタカタカタカタ
…ぼんば
まだ出社した
ばかりだろ
ああ…俺 午後から
ブーストかかるんだよ
カタカタカタ
………
タイヘイ先輩…
キイ…
PCが
フリーズしたんですが…
ご教授願えませんか?
キリイッ
ガ…ガガ…
ガ…ゴ…
………
2次元大好き
ちゃんねる
報告書

タイヘイっていつも手作りだけど自分で作ってんの？
ん？
…いや 妹が
モシャ
パク
モシャ
…ふーーん… 妹かわいい？
…
うまるーーーーん
いや普通
ボンッ
…へーー
DIAMOND SERV
ERROR
ポン
ボリ
ボリ
………

……
ごめんね？
いや いいよ
…飲み 行く？
おごるよ？
シュコッ
別に いいよ
未
済
！
ガラ

ZZZZZ

ZONAMA
Z Z Z z
……
Z Z Z Z Z
スゥ…
ふう…

起きろ!!
ゴローンッ
うまるー!!
ぬわっ!? 何!? 地しん!?
!? !?
夕飯だぞ 起きろって!
! お兄ちゃん… なんでニヤけてんの?
ん? いや別に?
ところで うまる 今日の夕飯はなんだと思う?
むっ!? シースー!? いや ステーキ!?
………
そうだけど寝起きで食べれるのか?

その15 うまると修理

タイヘイ先輩
パパー
DIAMONDS
この前のGWにヨーロッパのおじの家に行ったんですが
おみやげを買ってきました
え？
そうなの？なんか悪いね
先輩が好きそうな物があったので つい
へー
ありがとうアレックス君
大切にしてくださいね
……
あぁあ…

「首が動くネコ」の置物らしい
オウン
オウン
オウン
なんか陶器っぽいのがかわいくないい――
向こうの国の職人が一個ずつ作ってんだよ
オウン
オウン
オウン
しかし自分が教えてきた後輩からプレゼントをもらうってなんか感慨深いな…
初めまして！アレックスです！
ハーフ？
しみじみ
そのうち上司になったりして
ここにしまっとくけど壊すなよ
かわいくないからさわんないよ
プス
プス
次の日
ディロディロディロディロ
デッデンデンデデッデン!!

シュピーンッ
野生のハム三郎が現れた!!
キッ
メタルニャンコス!!君に決めた!!
オウン オウン
オウン オウン
ドンッ
メタルニャンコスの「首をふる」!!
ドドドドドド
ハム三郎の防御力がぐんと下がったーっ!!
オウン オウン オウン
くるくる
ポケットハムスターごっこ
だだっ
ハム三郎のライフが少ない!! ゲットのチャンー…
あだッ!!
ガチャのカラ
ガンッ
いだい――!! ぶつけたー!!
うでがビリビリする…
オウン…
?

メ…メタルニャンコス…
ボロ…
弱ーーーッ!!!
LIFE
なんて言ってる場合じゃない!!
ばっ
お兄ちゃんに怒られる!!
壊すなってあれほど言ったろ!!
ひぃぃぃぃ
物を大事にしない奴にはもう何も買わん!!
ぞーー
・・・

これより…
復元作業を始める!!
シュ
バッ
こうなっては怒られるのを回避するのは不可能!!
だったら壊した事実をなくすしかない!!
うまるの技工の成績は5!!
賞を取ったこともあるし!
コロッセオを作るうまるちゃん
うまるは未来をねじ曲げるのだ!!
この首が動くシステムは「赤べこ」と同じだし
割れた部分はパテでくっつけていく!
ガチ
ガチ
ぬりぬり
赤べこ
塗料を定着させるためサンドペーパーで加工!
ヴィンテージの味を損なわない様にタッチを合わせる!
ぬり
ぬり
ぬり
ぬりっちょ
う――ん…
頭部の損傷がひどいなぁ…
これは新しく作った方がいいや
オウン
オウン
オウン

顔が……
ぐる
ぐる
思い出せない!!
ぐる
もーーーっ！
これだからヴィンテージはー
うーん
うーん
なんか微妙にかわいく
ない顔してたんだよなー……
うまるの記憶……!!
よみがえれ!!
ピッカァ

ちがーーーう!!
ガシャーンッ
うまる斉
ぬわぁーーっ!!
どうしても別の顔が出てきてしまう!!
なんとかお兄ちゃんが帰ってくる前に作らないと…
ゴ。ゴ。ゴ。ゴ。
………
………
ごめんなさい…
オウン オウン オウン
壊して…作ったんだな?
…
しゅん
はい

まあ壊した事は
いいよ
悪いと思って
あやまれば
怒らない
お兄ちゃん…
それよりもだ
ん?
パテ
白衣
筆・ハケセット
取りつけ型ルーペ
24色アクリル絵の具
その隠ぺいに
使った道具
どうやって買った!?
え…えーと…
ホームセンターで…
カードで…
なんでお前が
暗証番号知ってんだ!!
オウン
オウン
オウン

ポケットハムスター

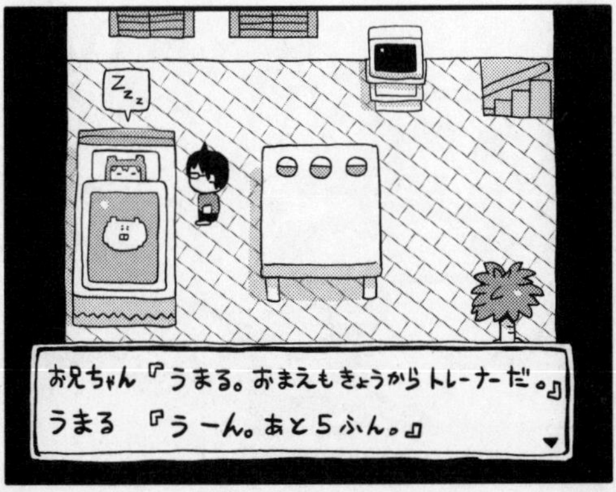

Zzz
おにいちゃん『うまる。おまえもきょうからトレーナーだ。』
うまる　『うーん。あと５ふん。』

干物妹《ひもうと》！うまるちゃん
HIMOUTO! UMARUCHAN

カッ
カッ
カッ
土間さん正解!
おお――
この式はテストで出るから みんな覚えてくださいね
うまるさん
!

今度の中間テスト!! あなたには負けませんわよ!?
シュバフィーン
1位を取るのはこの私《わたくし》 橘・シルフィンフォードですわー!!
橘さん 授業中ですけど
シュバッ
あら 失礼しましたわ
ゴゴゴ ゴゴ
びくーーんっ
………
ゴゴゴゴゴ
………
私が1位ですわよ
来週テストだからかな?
みんなピリピリしてるね

うん…そうだね…
ずーーーん
ど…どうしたの？海老名ちゃん？
私…次のテスト自信がなくて…
前回もミスばっかりしちゃったし…
海老名ちゃんは本番に弱いだけだよ
私だってよくミスするよ昨日だって学生証なくしちゃったし
え!?そ…そうなの!?
うんだから一緒にがんばろ！
うまるちゃん…
………
って…

言ったなら
お前も勉強
しろよ
ぐっでぇえ―――
え～
めんどくさい～
いいのかよ
テスト勉強しないで
戦場ゲームしてて
ダダダダダ
グレネード!!
敵のAC130!!
F※PSだよ
お兄ちゃん
………
!
ラーむ…
ま
いいんじゃないか?
勉強しなくても
くるり
普段
授業聞いてるから
成績良いし
でも中間テストは
ひっかけが多いからな
―
くどくど
くどくど
授業だけじゃ
いい点取るのも
難しいかもしれないな
うっ…
テスト前に
遊んでるんじゃ
仕方ないけどな
む

※ファーストパーソンシューティングゲームの略

FPSは…
わっ
く
遊びじゃないんだよ!!
……
NEKO DAISUKI!!!
………
うーん…
ぬわ――――っ!!
敵がハンパなく強い!!
ダダダダダダダ
確実にヘッドショットを狙ってくる!!
え？
別に強くありませんわよ？
ザッ
！

バ
ン
あなたが弱い
だけじゃないかしら？
うまるちゃん…
ズル
ズル
。。。
私やっぱり
自信ないよ…
ス
ー
ス
ー
ドスンッ
うおおっ!?

お兄ちゃん
かぁ――っ
勉強おしえてー!!
……………
妖怪かと思った…
妖怪 うまるネズミ
夜な夜なふとんに落ちてきてくっつく妖怪
お菓子をあたえるといなくなる
オニイチャン
どうせこうなると思ってたけどな
まぁまぁいいじゃないの
MOG CAFE

わっ!! すごい!!
中間テスト順
1 土間 埋
2 橘・シルフィン
3 五十嵐 夏美
うまるちゃん また1番!?
今回のテスト すっごい難しかったのに すごいね!
ガヤ ガヤ
いい塾 行ってるの?
家庭教師 かな?

ゴロ
ゴロ
うーん…
ヒマだな——
カチ
カチ
ZONAMA.co.jp
マイストア ZONAMAポイント
カテゴリーからさがす
すべて▼
Cloud Player 音楽配信 Cloud Dive Kindiy
無料アプリで お買い物
ZONAMA アプリ
今すぐダウンロード
お買い得
ネットショップ
zonama定期便でおトクな生
詳細はこちら
！
あなたへの おすすめ商品
ホワイトチップス

ジャンピースDVD付き
チョンパー帽子
かぶれちゃう原寸大!!
ガッ
なにこれ!?
チョンパーの帽子だ!!
こんなの出てたんだ
おわかりいただけただろうか?
今のたった数秒…ゾンアマで帽子をおすすめされたうまるだが…
すでにこの時…!!一つの結論が出ている事に!!
うまるは…
みにょにょにょにょ
この帽子を間違いなく買う…!!

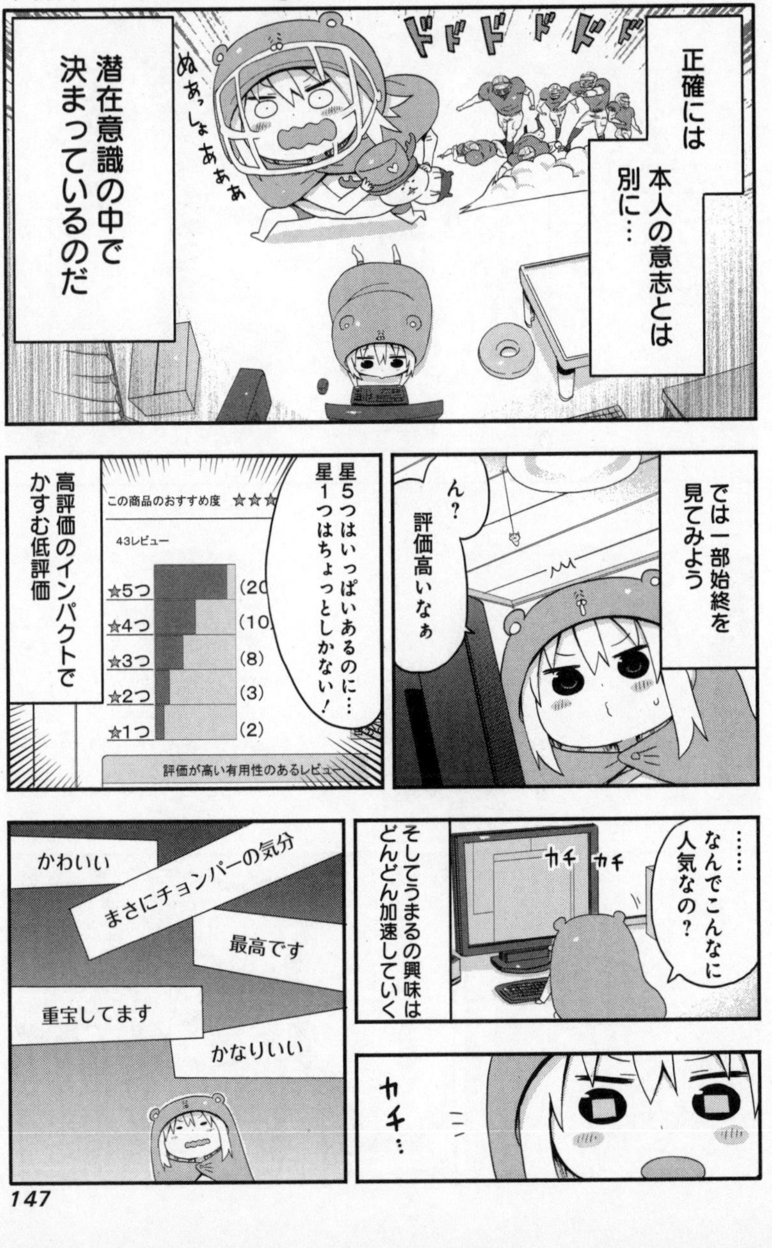
正確には
本人の意志とは
別に…
ドドドドドド
ぬあっしょあああ
潜在意識の中で
決まっているのだ
では一部始終を
見てみよう
ん？
評価高いなぁ
星5つはいっぱいあるのに…
星1つはちょっとしかない！
この商品のおすすめ度 ☆☆☆
43レビュー
☆5つ (20
☆4つ (10)
☆3つ (8)
☆2つ (3)
☆1つ (2)
評価が高い有用性のあるレビュー
高評価のインパクトで
かすむ低評価
……
なんでこんなに
人気なの？
カチ カチ
そしてうまるの興味は
どんどん加速していく
カチ…
かわいい
まさにチョンパーの気分
最高です
重宝してます
かなりいい

「チョンパーの気分」って どんな気分!?
ごくり…!!
人はそれぞれ 心を動かされやすい ワードがあるのだ
YEAH!
うまる…
チョンパーに なれるかもしれない!!
ヤッ
………
でも…
いいね
通常送料無料
購入する
しい物リストに追加する
ピタッ

カーーッ
こらうまる!! ムダ使いするなって言っただろ!!
もうゾンアマは禁止だ!!
ひぃー
請求書
うーん…
今月は新作ゲームあるしなぁ… お兄ちゃん怒るかも…
よしっ！ 買うのやめよっと
アッサリーーン
まだその時ではないだよ
コーラでものもっと
のろ のろ
一見あっさりとあきらめたように見えるうまる
ピタッ
だが…
…
ゴゴゴ ゴ
だがしかし…!!
ゴゴゴゴゴ

想像してしまう…
帽子のある生活…!!
カ～ッ
はっ!!
買わないはずが無意識にマウスをさわっている!!
落ちつけうまる…!!
むむむむむ
今はまだその時じゃない!!目を覚まさないと!!
冷静になるんだ!!
カッ

うまるなら…
ドドドドドドド
この物欲を乗り越えられる!!
在庫状況
残り1個!!
お早めに!
購入する
ダッ
まだ買うべき時じゃない!!
ま…だ…
購入する
カチッ
ぬわ――
ガン

…で…
明日
来るんだけど…
はぁ…
今度からは
買う前に言えよ？
ちょっと
甘すぎるか？
服や帽子だったら
必要だろうからな
パァァァ
お兄ちゃん…
すごいんだよあの帽子!!
チョンパーになれるんだって!!
お兄ちゃんもかぶろう!!
もひょ ひょ ひょ ひょ
わかったって
んでいくらだったんだ？
えっとね…
なんと送料込みで…
2万5千円!!
キャンセル決定
価格:
25,6
ジャンピースDVD付き
チョンパー帽子
かぶれちゃう
原寸大!!

うまるちゃんて…
かわいいよな──
スタイルもいいし勉強もできるし
ざわ ざわ
スポーツもできるしな
ざわ
完璧じゃないか
それだけじゃなく家柄もすごいんだよ
え？

うまるちゃんのお父さんは土間コーポレーションの社長さんらしいよ
え!? あの大手企業の!?
そうだったんだ…
だからあんなに身のこなしも綺麗なんだ
あれだけ完璧だったら誰からも嫌われないよね…
むしろ神々《こうごう》しいし
はあ…
あでも一人いるよ
え? 誰? シルフィン?
私《わたくし》のウワサをしてますゎ
いや… シルフィンはただ目立ちたがりでしょ
ほら… うちのクラスの…
ああ…
そういえばよくうまるちゃん見てるよね…

ゴゴゴ
ゴゴゴ
…う…
？
本場《もとば》さんだ…
すごい にらんでる…
ひそ
こわいよね
ひそ
うまるちゃん 気をつけた方がいいよ
え？
本場切絵《もとばきりえ》さん… いつも目つき悪くて 何考えてるかわかんないんだよ
たまに木刀持っててさ… 背小さいのに大人の男と ケンカしてるの見た人もいるよ
ギロッ

本場さん…何か話があるのかな…
え？
テスト前も何か言いたそうだったんだけど…
……
き…きりえちゃん…前からうまるちゃんを見てるんだけど…
え⁉
そうなの⁉
う…うん…特に最近は毎日…気づかなかった？
ぜ…全然…あでも海老名ちゃん話した事あるの？
うん…一度だけ…
誰とも話してるの見た事ないから…
お昼休みにさそってみたんだけど…
きりえちゃん一緒にご飯たべない？

……
うまるさんも？
あ…うん！
一緒だよ？
……
あ…
くるっ
な…
なんかすごいね…
あせせせせせ
あ…でも…
うまく言えないんだけど…
きりえちゃん…
みんな怖がってるけど…
怖くないと思うな…
……
本場さん…
うまるの事
あやしんでるのかも…

だっらあああー
こんな所を見られたら…
びっくりするかもしれない
ぼけぇーー
はっ
びくーん
しまった!
今日はクエスト配信日だ!!
ヤッ
危ない危ない乗り遅れる所だった
ボフッ
私情で悩んでる場合じゃないよ!
ビョンッ
ザザーン
巨大肉ゲット!

………
ぐきゅるるるるる
お腹すいた…
お兄ちゃん何時に帰ってくるんだろ？
あ 今日水曜だからスーパーよってるんだった
！ 今日買い物ってことは…
ジュワァァァ~
お肉も買ってるはず！ステーキ作ってくれるかな？
じゅるり
カチ
ピンポーーーン
ん？
なんだろ？ゾンアマ？
あ‼ そうか‼
うまるー
あけてくれー
お兄ちゃん買い物したからドアあけられないんだ！
ガチャーーンッ
お兄ちゃんおいすーっ‼
ねえ今日の夕飯…

干物妹!うまるちゃん❶(完)

2巻へ
つづく！

干物妹《ひもうと》！うまるちゃん

HIMOUTO! UMARUCHAN

かきおろし
子供の頃のうまるちゃん
10年前
土間
100点!
おぉ——
おいおい土間
また100点かよ
コンピューター
みたいな奴だな
あいかわらず
頭とんがってるけどな

また100点かよ!! すげえな!!
カーーッ
うるさいわよ ぼんば
何!? やっぱ 技があるんだろタイヘイ!? テスト問題がわかっちゃう的な!!
パー
いや… 今回の数学はかなり 優しかったよ
俺 15点だったんだけど!? 勉強したけど15点だぞ!!
つまり15点があなたの 限界という事ね
んなっ!? 何て事言うの この女!!
…それより タイヘイ テストも終わったし 私と どこかに遊びに行かない?
え?
いや…どうするかな
あ! じゃあ駅前にできた ゲーセン行こうぜ!!
俺のクレーンゲームテク 見せてやるよ〜

あなたは帰って20点を目指す勉強しなさいよ
あ？
本気出したら30点は取れるっつ――の
タイヘイこのバカは放って私と行きましょ
いやいや!! タイヘイ俺たちの友情は本物だよな!?
…じゃあ3人で遊ぼうか…
TAIPO STATI
UFOキャッ
UFO CATC
ゲーセンなんて初めて来たな
なんだかうるさいわね
両替
これが景品？
こんなので釣ろうなんてなんて浅はかなのかしら
ネコか可愛いぬいぐるみだね
これを取りましょう

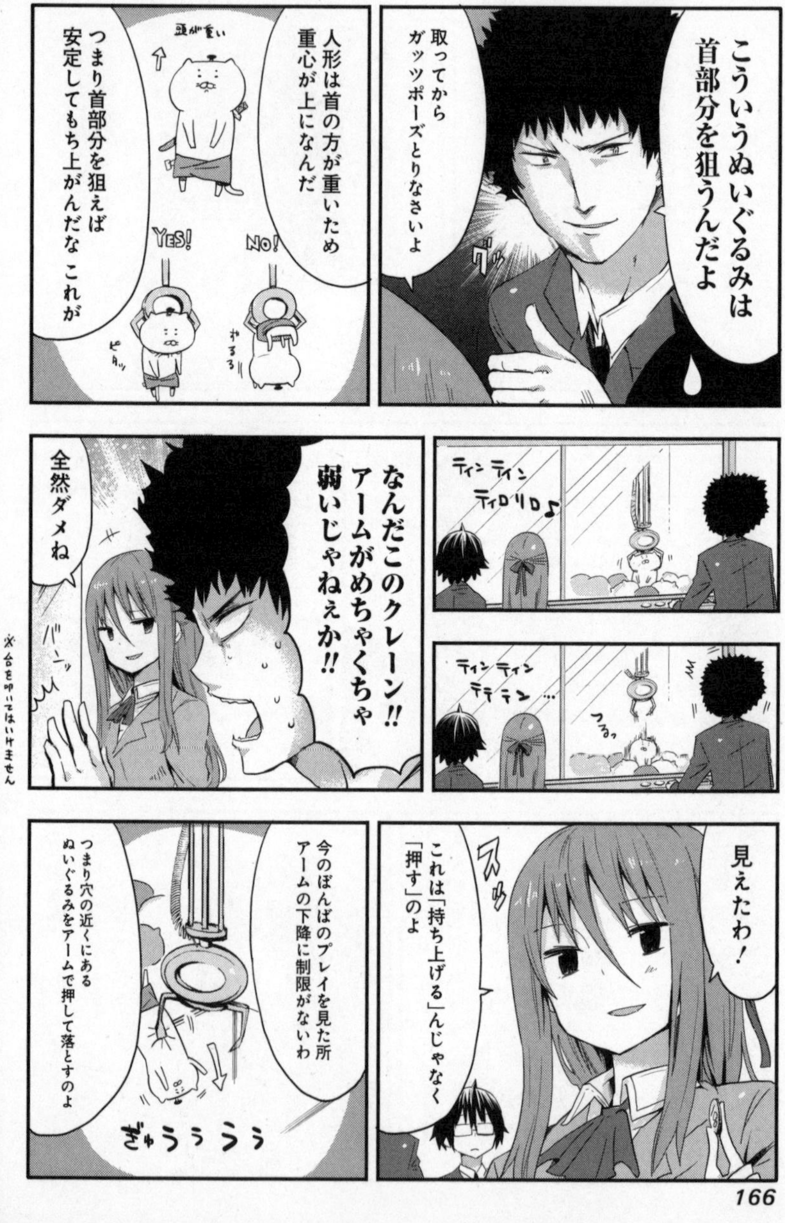

こういうぬいぐるみは首部分を狙うんだよ
取ってからガッツポーズとりなさいよ
グッ
人形は首の方が重いため重心が上になんだ
頭が重い
NO!
ずるる
YES!
ピタッ
つまり首部分を狙えば安定してもち上がんだな これが
ティン ティン ティロリロ♪
ティン ティン テテテン…
つるっ
なんだこのクレーン!! アームがめちゃくちゃ弱いじゃねぇか!!
全然ダメね
バンッ
※台を叩いてはいけません
見えたわ!
これは「持ち上げる」んじゃなく「押す」のよ
スッ
今のぼんばのプレイを見た所アームの下降に制限がないわ
つまり穴の近くにあるぬいぐるみをアームで押して落とすのよ
ぎゅううううう

ティンティン
ティロティロ♪
ぐぐ…
ティンティン
テテテン…
な…!?
何よこれ押しても全然動かないじゃない!
ガタタ
ダッセー!!
んなんですってぇー
ゴッ
んはッ
……あっ
よく見るとぬいぐるみの足がからまってるね
ホールド
なんですって!? どうりで動かないはずだわ!!
こんなの取れねーだろ!!
…いやこのぬいぐるみについてるタグを狙ったらどうかな?
…え? 無理じゃね そんなの?
100円のムダよ こんなの
ティンティン
ティロリロ♪
ティンティン
ティティティン
ざ
ぱっ

※台をゆらしてはいけません

↑3個

ただいま
うまる

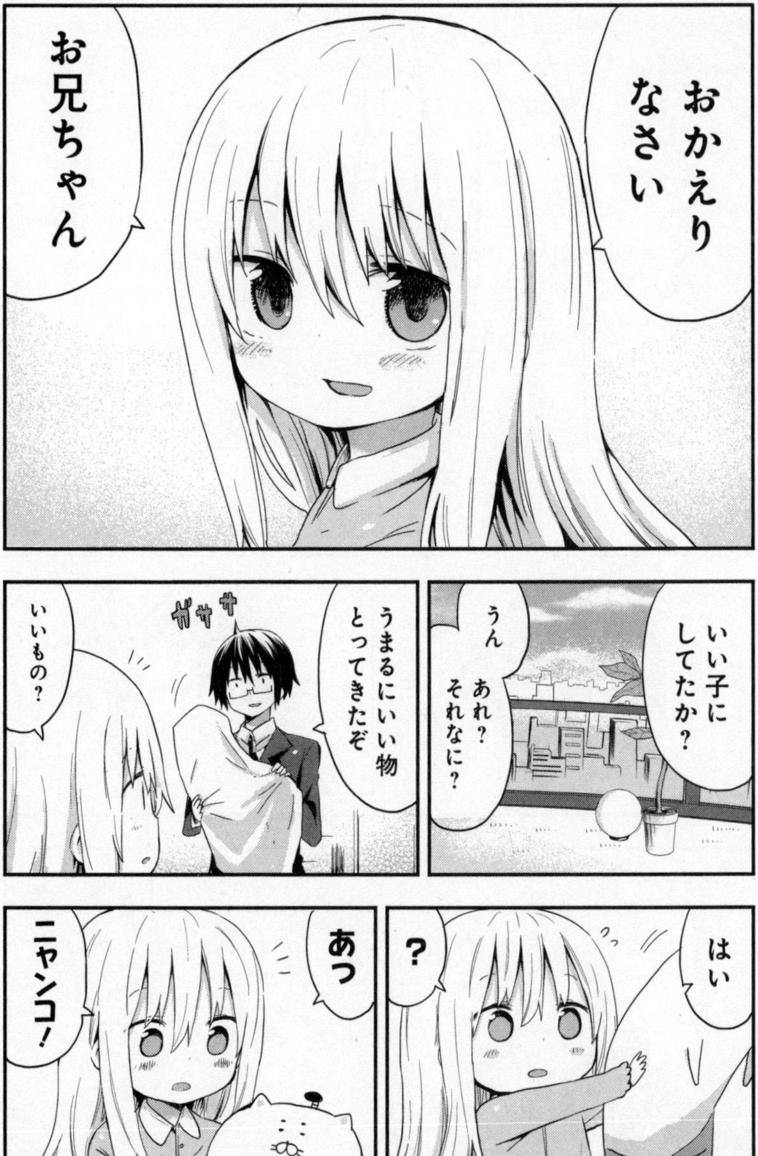

おかえりなさい
お兄ちゃん
いい子にしてたか？
うん
あれ？それなに？
ガサッ
うまるにいい物とってきたぞ
いいもの？
はい
？
あっ
ニャンコ！

ありがとう…
お兄ちゃん!
10年後…
……
あ!!
お兄ちゃんおかえりー!!
またゲーセンでぬいぐるみをゲットしたよ!!
バンッ
取りすぎだろ!!

12話につながるよ

子供の頃のうまるちゃん(完)

YJで連載する前の読切うまるちゃん!! 微妙に違うぞ!!

僕の妹
うまる(16)は
美人で
評判だ
うまる────ん
身のこなし
言葉使い
すべてが
洗練《せんれん》されている
老若男女から
好かれる
ごきげんよう
完璧な妹だ
ただ
家に入る時
ガチャ
スライディング
する
ただいマンボウ!!
ズザァァー

こいつは・・・
とんでもない妹だ
ZONAMA
読切版うまるちゃん

じょうずに やけましたぁ〜
あ

ああーーーっ!!
それ今来た!?
ゴロゴロゴロゴロ
身のこなし…
ゾンアマ!?
ゾンアマだべ!?
うはははは
……
ZON A MA
バン バン
言葉使い…
キタァァーーーッ!!
アーム式ディスプレイ!!
これでどこで寝てもネットができる!!
カチ カチ カチ カチ
いらねぇだろ!!
妹のうまるは外では八方美人だが
キラ キラ
家ではその面影すらない
カチ カチ カチ カチ
ポテイト
がさ がさ

だっらぁーーー
カチ カチ
…おい うまる
ゴロゴロゴロ
んー？
お前 よまないマンガくらい片づけろって！
山になってるぞ
ブィーン
もっさぁーー
うまる は文学少女だから本が多すぎるんだよ
ウソつけ!! 本棚にささらなくなったからめんどくさくなっただけだろ!!
ZONAMA
ZONAMA
お兄ちゃんお願い…片づけといて♡
せめてこっち向いてお願いしろよ
オイ
自分でやれ!! つーかまず立て!!
のろ のろ のろ
もーーーかわいい妹にそんなガチギレしないでよ
全然かわいくねぇんだよ
ぼそっ
ムッ

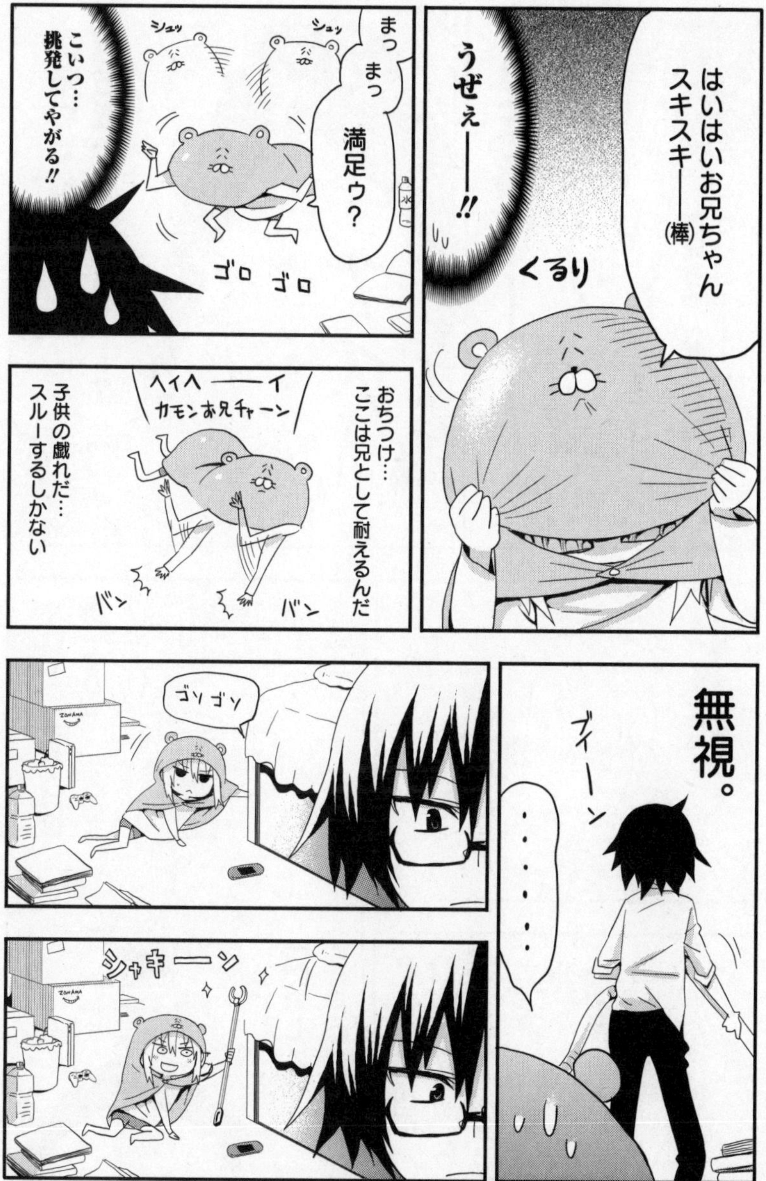
はいはいお兄ちゃん
スキスキ――(棒)
うぜぇ――!!
くるり
まっ まっ 満足ゥ?
シュッ
シュッ
ゴロ ゴロ
こいつ…挑発してやがる!!
おちつけ… ここは兄として耐えるんだ
ヘイヘ――イ
カモンお兄チャーン
バン
バン
子供の戯れだ… スルーするしかない
無視。
ブィーン
……
ゴソゴソ
シャキーーン

お兄ちゃんのアナル討ち取ったりいい――!!
ブスーッ
うまる―――!!
ドドドドドドド
お兄ちゃんがノリ悪いからじゃ――ん!!
今日という今日は許さん!!
ゴゴゴゴゴ
覚悟しろうまる!!
ごめんなさい…許してお兄ちゃん
都合の悪い時だけ外用フェイスになるな!!
シュッ
PSP無期限没収だ!!
ばっ
げ!!

真・うまる
スライディング!!
ガンッ
はうッ!!
ズザ
ッ
説明しよう!!
うまるは家の地形を把握してるため
思いきった走行が可能なのだ!!
まさに
アメイジング・妹!!
ズザ
ゴロン
ZONAMA
コラ――!!
戻ってこい!!
ゴロゴロゴロ――
ぬはははは!!
うまるは今 10式戦車
よりも小回りが効く!!
ゴロゴロゴロ
捕まえられるものなら
捕まえて――…

びったーーん!!
ゴロゴロ
アダーーッ!!
ぐら…
ZONAMA
ZONAMA
ドサドサドサーーーッ
ぬわーっ!!
バラッ

い……
じ──ん
いだい
いや…
自業自得だろ
ガガーンッ
ムクッ
ンゴゴゴゴゴ
ズキーンッ
〜〜〜〜ッ
プルプルプル

お兄ちゃんにやられたァアー!!
カッ
何ィイイ———!?
無防備なうまるを無情にも投げ飛ばしたー!!
ぬわぁあああん
ま…まてぇ——!!
お前が勝手にケガしたんだろ!!
すべてお兄ちゃんのしわざー
コラ
次の日
キーン
コーン
2-A
ええ!?
うまるちゃんどうしたの!?
ちょっと…お兄ちゃんに怒られちゃって…
もじ
もじ
ええ——!?
お兄さんひどくなーい!?
うーん…私平気
フゥ
けなげだ…
守ってあげたい
包帯美女…良い…
ドキ
ドキ
とんでもない妹だ

読切版うまるちゃん(完)

あとがき

うまるちゃんができるまで①

月刊誌でマンガを描いていたサンカクヘッドの所にある日…
サンカクヘッド（26）
仕事の依頼がやってきた
Mail
□ 集英社・○熊
集英社
パパー
ゴゴゴゴゴゴ
ヤングジャンプの増刊…「アオハル」で描いてください!!
細胞全開
ア…
「アオハル」!?
はい!!
「青春《アオハル》」です!!

これは、「うまるちゃん」が出来るまでの苦悩を描いた大長編あとがきである!!

という事で
この熱っ苦しい担当
O熊さんと「アオハル」で
読み切りを描く事になった
……
ギュイン
ギュイーン
なまず
……
う――ん…
テーマは「青春」か…
くる
くる
となるとやはり
高校生活…
高校の頃 僕は生徒会に
入っていて…
生徒総会
生徒会長がやたらと
イケメンだったのを思いだした
きゃーッ
あーッ
いやーッ
会長の
ファンクラブ
会長…
呪われないかな
やって
らんねーよ
きゃー
ね…
非モテ系男子の
悲しい学校生活
同じ人間なのに
同じ生徒会なのに
雑用
……
うむ
カッ
これでいこう!!

ここからどうやって「うまるちゃん」が生まれるのか!? 次巻、新たなる苦悩が先生を襲う!!

スペシャル サンクス

担当〇熊さん・アシスタント北川さん・西岡さん・ジャイ〇さん
華月すずさん・うちのお母さん・あばら兵器さん
犬のフィギュアを作ってくれた M雄さん

「週刊ヤングジャンプ」H25年15号—31号、「ミラクルジャンプ」H24年No10に
好評連載されたものを収録しました。

◉ヤングジャンプ・コミックス◉

干物妹！うまるちゃん
❶

発行日
2013年9月24日［第1刷発行］
2017年1月11日［第19刷発行］

著者
サンカクヘッド

編集
株式会社ホーム社
〒101-0051 東京都千代田区神田神保町3丁目29番 共同ビル
電話＝東京03（5211）2651

発行人
田中 純

発行所
株式会社集英社
〒101-8050 東京都千代田区一ツ橋2丁目5番10号
電話＝東京03（3230）6222（編集部）/03（3230）6393（販売部）/03（3230）6076（読者係）
Printed in Japan

製版所
株式会社コスモグラフィック

印刷所
共同印刷株式会社

ISBN978-4-08-879706-9 C9979